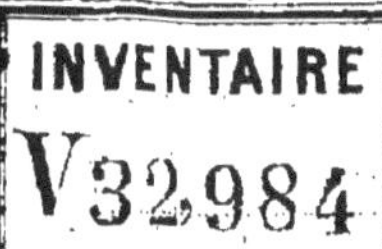

TRAITÉ
ÉLÉMENTAIRE DE GRAVURE

A L'EAU-FORTE,

SUR BOIS DE BUIS, ET SUR BOIS DE FIL,

D'après Albert Dürer, Collot, etc.

PAR

V. M. BOUTON, GRAVEUR

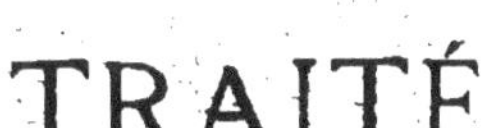

PARIS
BOUTON, ÉDITEUR-LIBRAIRE
RUE TOULLIER, 2

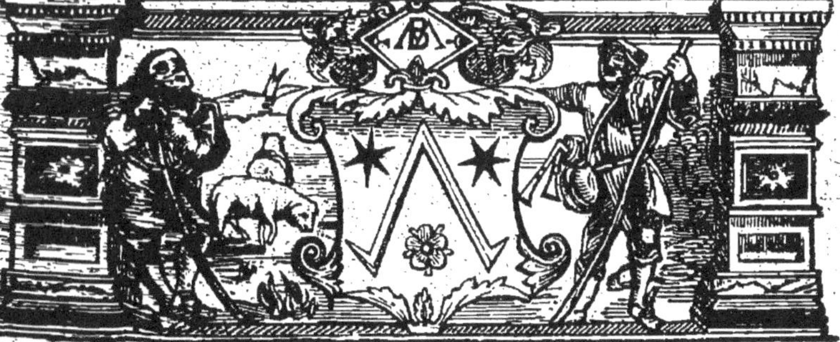

TRAITÉ
ELÉMENTAIRE ET PRATIQUE
POUR
APPRENDRE A GRAVER

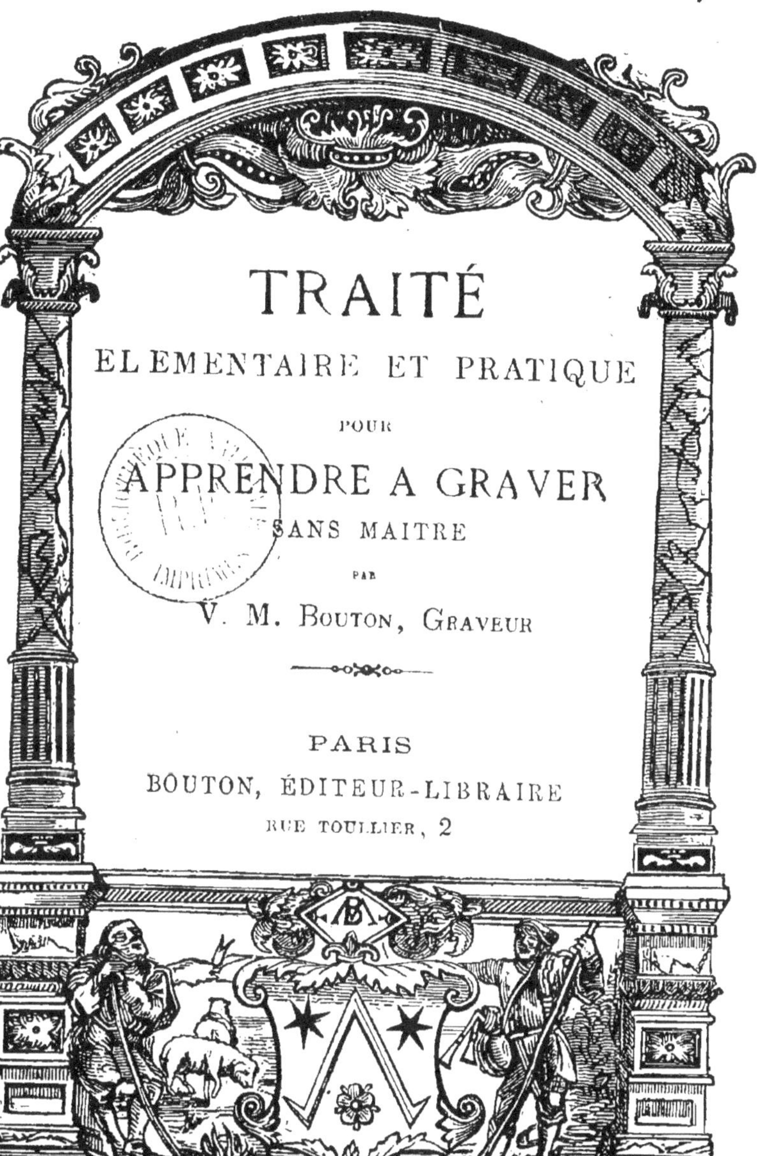

TRAITÉ
ELEMENTAIRE ET PRATIQUE
POUR
APPRENDRE A GRAVER
SANS MAITRE

PAR

V. M. Bouton, Graveur

PARIS
BOUTON, ÉDITEUR-LIBRAIRE
RUE TOULLIER, 2

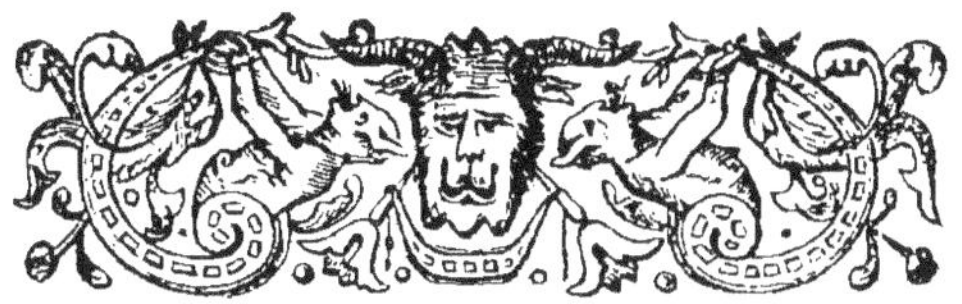

CHAPITRE PREMIER

GRAVURE

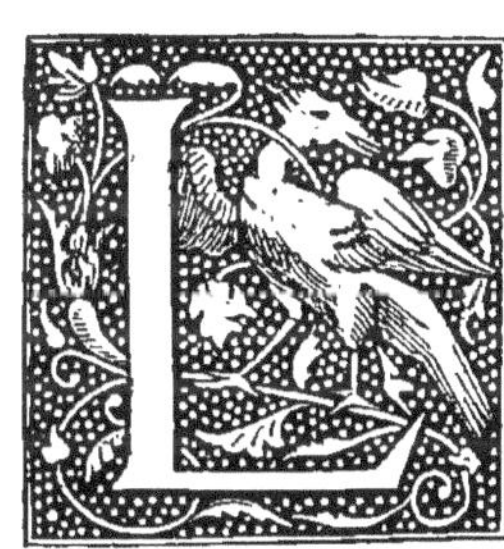

A Gravure est le plus populaire de tous les arts. On appelle généralement Gravure des dessins faits, au moyen d'outils, sur une matière plus ou moins dure, soit en *relief*, soit en *creux*.

Nous ne nous étendrons que sur la Gravure sur bois (*buis* et *poirier*), et sur la Gravure à l'eau-forte, d'après Callot, Rembrandt, Albert Durer, etc.

Par la Gravure, l'artiste répand les beautés de la nature et de la peinture.

La Gravure, dit-on avec raison, est un nouveau langage pour le peuple: il le fait participer aux sentiments élevés, généreux, honnêtes, qu'inspirent les œuvres du véritable génie.

La Gravure sur bois est connue de temps immémorial, et pratiquée avec succès, vers le XVIe siècle, par Albert Durer, etc.; bientôt vint l'Imprimerie, 1450, qui vulgarisa les arts, les sciences, les lettres.

Les caractères gravés donnèrent l'idée de représenter, par le même procédé, des figures, des fleurs, des ornements.

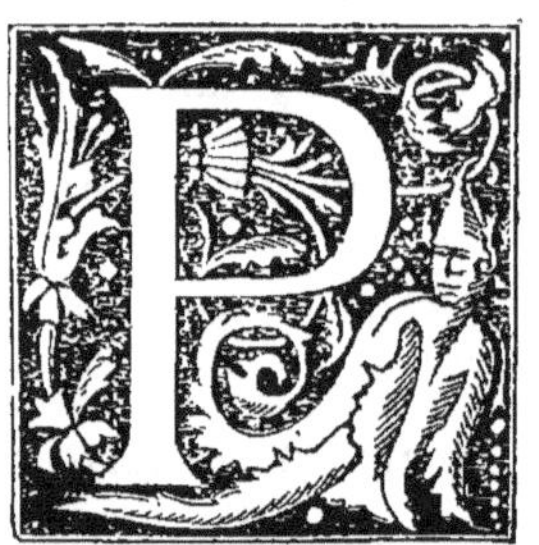

LUS tard on inventa ce genre de gravure, qui remplaça les merveilleuses miniatures des livres d'heures, et enfin, l'enluminure. Les arabesques à la main furent remplacées par la gravure; aussi combien sont recherchées toutes ces éditions par les vrais amateurs, les artistes, les bibliophiles!

On a tenté d'imiter, mais en vain, HOLBEIN, Albert DURER et autres immenses génies; différents procédés ont été employés pour ces reproductions, et sans succès; on les emploie seulement pour le commerce et non comme on gravait à l'époque.

Nous allons faire connaître dans notre Traité les outils, les bois, les vernis. La Gravure, en effet, est une découverte aussi sublime que l'Imprimerie. Nous avons vu des gens illettrés qui se sont sentis profondément émus en voyant une grossière image qui leur faisait comprendre ce qu'ils ne pouvaient lire.

Amateurs, collectionneurs d'autrefois, oui, nos pères, plus artistes que nous, s'arrêtaient pour fouiller les cartons étalés depuis l'Institut jusqu'au pont des Saints-Pères; ici, pour admirer l'œuvre de Boissieur, de Rembrandt; là, pour chercher des paysages de Woolett et de Vivarès, les églises de

Hollar, les eaux-fortes de Van Dyck ou de Corneille Biga;

Admirer l'œuvre de Boisvert, les bizarreries inimitables de Masson, le charmant burin de Nanteuil, les fantaisies de Wille, les beautés de Pierre de Drevet, Poilly, et Roullet et Baléchon, Corneille Vicher, et Gérard Edelinck : quel choix de maîtres incomparables!

Ici nous allons vous donner une idée de cette longue et riche galerie. C'est Lallamata qui tient la place d'Edelinck, c'est l'esprit de Henriquel, Dupont, qui nous dédommage de la souplesse de Wille et de l'élégance de Nanteuil.

Voyez aussi les œuvres de Gustave Doré, cette prodigieuse inspiration qui, à juste titre, tient la première place parmi nos contemporains. Ses œuvres resteront impérissables comme la Gravure elle-même, pour les gens de goût et les artistes, comme la légende du *Juif Errant*.

C'est Golzens, c'est le burin de Tardieu, ou celui

de Richomme, qui nous font oublier la blonde couleur de Robert Skange.

Ce sont encore les eaux-fortes de Bléry, cet artiste consommé, qui grave la nature en pleine campagne, et fait mordre son cuivre sous les ombrages mêmes de la forêt qu'il vient de dessiner.

Voici les ciels italiens de Léopold Robert ou la ménagerie de Decamps.

C'est là enfin que Mercuri nous donne le dernier mot de son art dans les gravures de la *sainte Amélie* et des *Moissonneurs*.

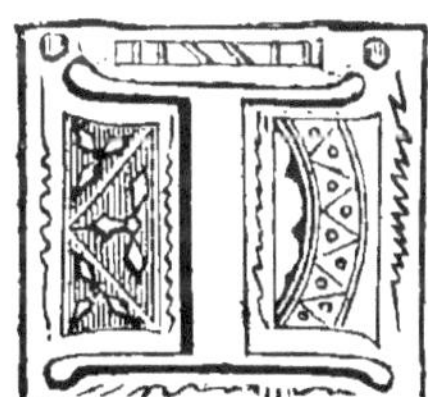

L est évident que la Gravure doit occuper un rang très-élevé parmi les arts, et qu'elle est le plus utile et le plus populaire de tous. En effet, elle donne, outre les autres éléments de leur puissance, la multiplicité et l'étendue.

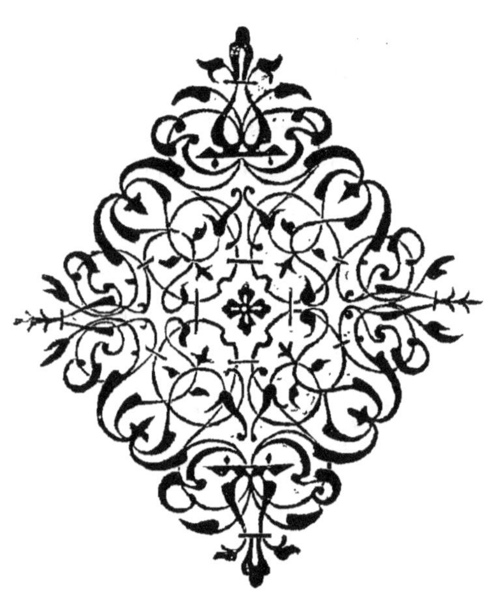

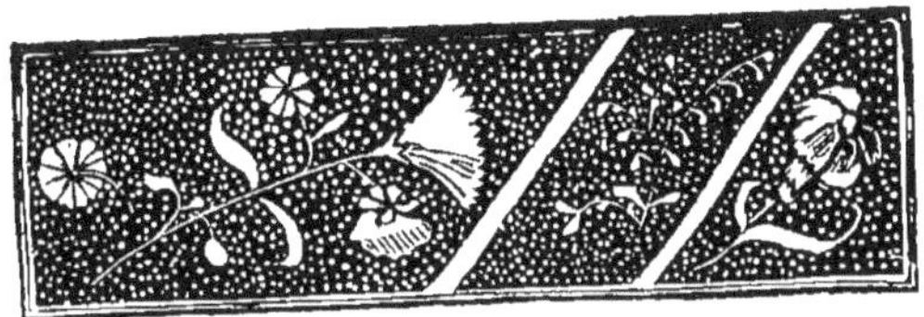

CHAPITRE III

GRAVURE A L'EAU-FORTE

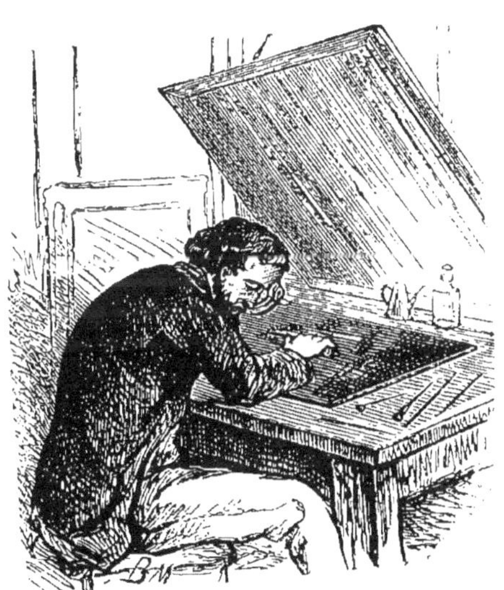

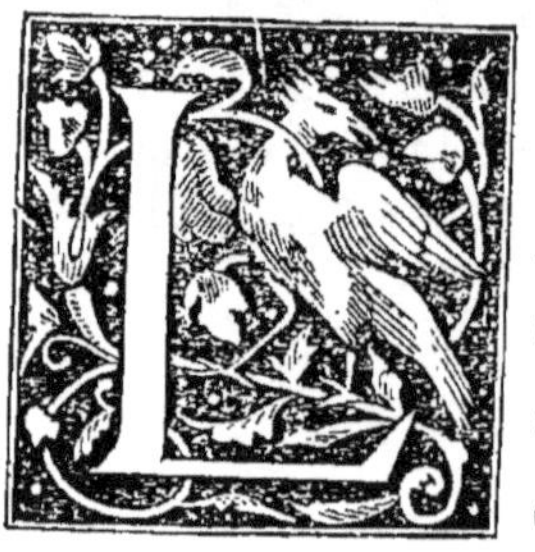

'EAU-forte proprement dite est faite seulement à la pointe, comme si l'on dessinait soit au crayon, soit à la plume, et ne connaît d'autres principes que celui du génie qui varie à l'infini.

Ce genre de Gravure consiste à mettre sur une planche de cuivre ou d'acier du vernis (voir aux *vernis*) qui résiste à l'action des acides. Il faut, avec des pointes d'acier, découvrir le cuivre afin que la planche soit gravée.

Il faut verser l'acide nitrique sur la planche d'acier ou de cuivre; agissant sur la partie découverte par le tracé de la pointe, l'acide creuse plus ou moins profondément sur la planche, selon le temps qu'on l'a soumise à la morsure.

Le cuivre, plus difficile, est plus long à attaquer; aussi est-il préférable de se servir de planches d'acier. L'acier est moins capricieux et la morsure est plus régulière.

Nous allons maintenant exposer les opérations du graveur à l'eau-forte, pour arriver à un résultat satisfaisant. Nous décrirons successivement les différentes opérations, en quoi consiste la Gravure, depuis le dessin sur la planche jusqu'à ce qu'elle soit terminée.

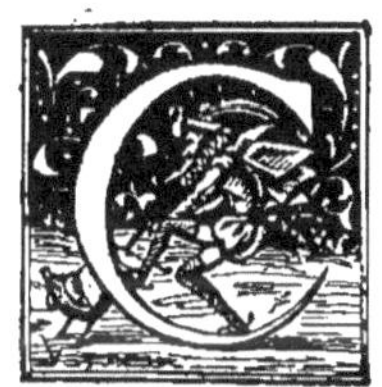

es détails demandent beaucoup d'application et de bonnes dispositions.

Il faut, autant que possible, choisir un atelier situé au nord, et mettre devant sa croisée un châssis en bois léger, garni de papier fin, huilé. Ce châssis empêche l'éclat de la lumière, qui pourrait nuire à la vue : il ne produit aucun reflet, et l'on peut travailler sans difficulté.

La grandeur de ce châssis doit être la même que celle de la fenêtre.

Vous prenez ensuite votre planche d'acier, que vous faites chauffer sur le feu; il est plus facile alors d'étendre le vernis (fig. 1).

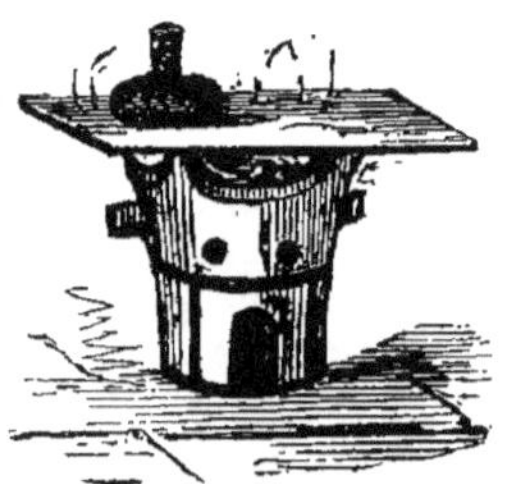

Fig. 1.

Le tampon qui sert à étendre le vernis sur l'acier ou le cuivre est rempli de coton à l'intérieur et

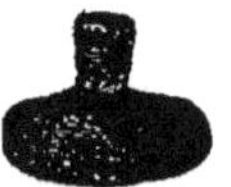

Fig. 2.

recouvert de taffetas; sa grosseur est à peu près celle d'une grosse pomme (fig. 2).

Pendant l'opération du vernissage, il faut obtenir une surface bien unie en promenant le tampon sur toutes les parties de la planche. Puis, ce vernis bien sec, on noircit ce vernis à l'aide d'une chandelle

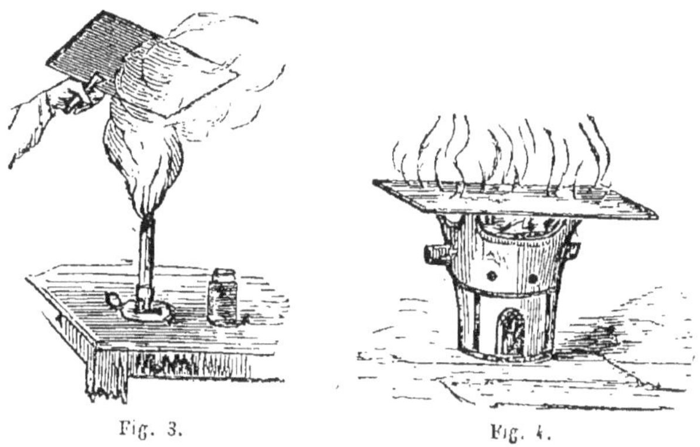

Fig. 3. Fig. 4.

allumée, au-dessus de laquelle on met la planche du côté du vernis (fig. 3).

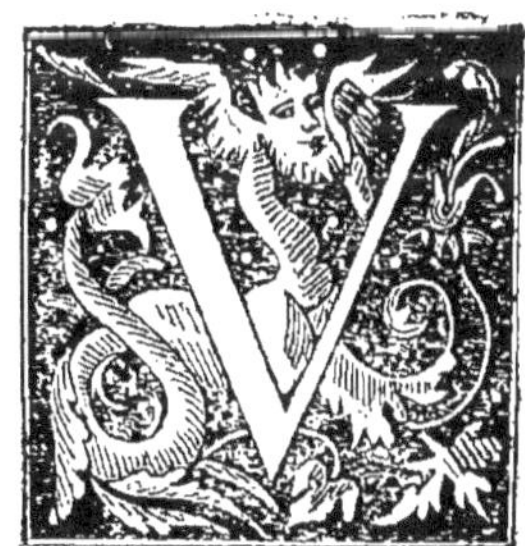

Vous faites ensuite chauffer la plaque sur un réchaud, et on la laisse jusqu'à ce que le vernis soit cuit.

On reconnaît que le vernis est cuit quand la planche ne fume plus (fig. 4).

Voici la manière de faire ces vernis :

VERNIS DE REMBRANDT

Cire vierge, 60 grammes (2 onces); asphalte, 30 grammes (1 once); mastic, 30 grammes (1 once). Broyez le tout ensemble jusqu'à ce que le tout soit bien mêlé.

VERNIS DE CALLOT

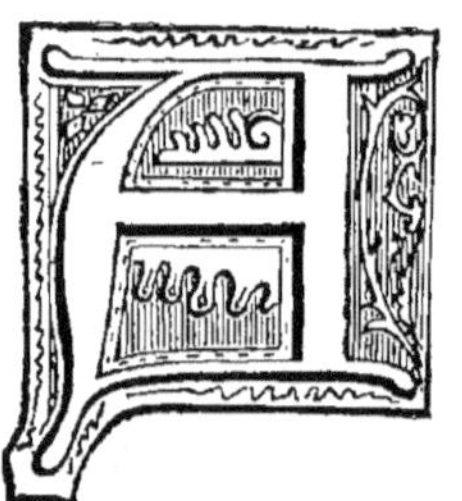

MBRE fondu, 30 grammes (1 once); cire vierge, 30 grammes (1 once); mastic, 30 grammes (1 once); poix-résine, 15 grammes (1/2 once); poix noire ou commune, 15 grammes (1/2 once); térébenthine, 8 grammes (2 gros, 2 drachmes). Faites fondre le tout ensemble, ensuite versez dans l'eau et formez-en des rouleaux.

VERNIS A METTRE AU PINCEAU

Essence, 125 grammes (4 onces); cire, 5 à 10 grammes (3 gros); asphalte, 15 grammes (1/2 once).

VERNIS DE CALLOT

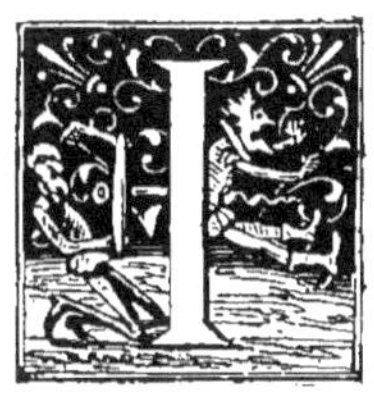

IL faut 2 onces d'huile de lin, de la plus claire, 2 gros de benjoin en larmes, ensuite de la cire vierge, la grosseur d'une noisette. Faites bouillir le tout ensemble jusqu'à réduction du tiers, en remuant toujours avec une petite cuiller; puis, quand votre vernis est achevé, vous le garderez dans un boca de verre à col large.

Quand vous voudrez vous en servir, vous ferez chauffer votre planche d'acier ou de cuivre, en prenant de ce vernis avec le tampon, vous l'étendrez délicatement et bien égal sur cette planche, n'en mettant que le moins possible.

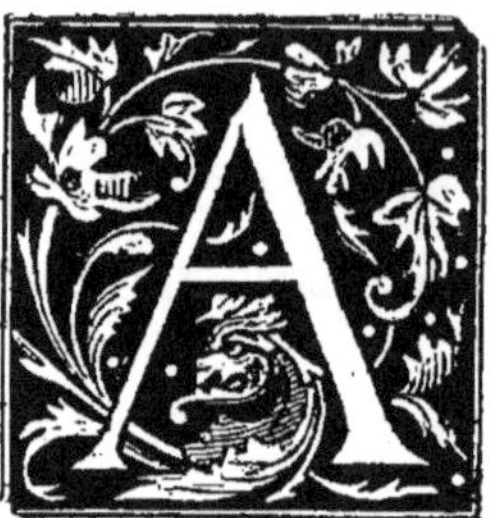

PRÈS cela, vous passerez votre chandelle allumée dessous votre planche pour la noircir; ensuite vous la mettrez sur un réchaud ardent jusqu'à ce que le vernis ne fume plus; vous pourrez alors dessiner aisément tout ce qu'il vous plaira avec la pointe d'acier. C'est ce vernis qu'employait Callot pour graver ses admirables dessins, d'après un manuscrit du temps.

VERNIS DE CALLOT

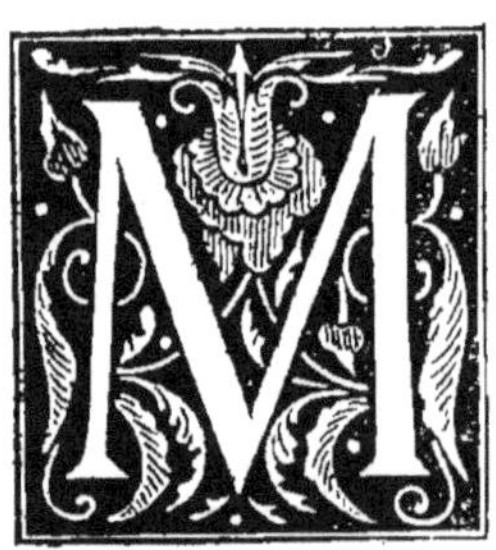

ERVEILLEUX vernis dont la composition est admirable et facile à coucher sur la planche. On peut dessiner et graver sans inconvénient.

Il faut prendre du blanc de plomb, que vous

broyez bien avec de l'eau distillée, puis vous y mettez de la colle de poisson; mêlez le tout ensemble et couchez avec un gros pinceau sur la planche que vous voulez graver. Le blanc étant bien sec, vous dessinez avec de l'encre, ce qui est bien facile; ensuite vous passez votre pointe d'acier sur les traits, pour faire disparaître le noir, et vous faites mordre, comme il a été démontré dans la morsure.

MANIÈRE DE CALQUER

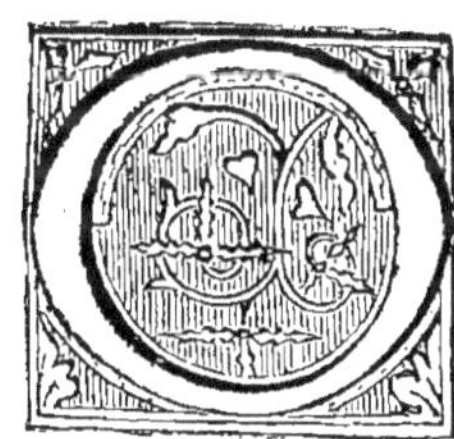

On emploie ordinairement différentes sortes de papier végétal. On peut tracer dessus, soit avec un crayon tendre, soit avec la plume et l'encre. Il ne faut pas confondre le papier végétal avec le papier huilé, que l'on vend sous le nom de papier végétal.

Le papier glacé est une composition de gélatine en feuilles comme du papier. Il est aussi transparent que le verre. On le pose sur le dessin que l'on doit calquer, puis on prend une pointe assez aiguë pour faire tous les traits. On frotte le calque de mine de plomb ou de sanguine qui s'introduit dans les traits creusés. On le retourne sur l'acier verni, puis on soumet à la presse, ou bien on frotte, soit avec l'ongle, soit avec le brunissoir. On obtient ainsi une contre-épreuve.

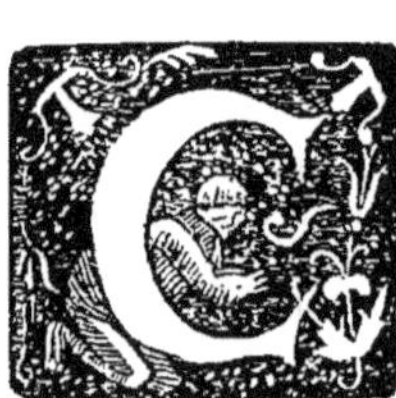

ELA fait, il faut dessiner sur la plaque avec une pointe d'acier bien fine, pour faire les traits les plus fins, et d'autres pointes plus grosses pour faire les traits plus gros et les losanges plus gros, etc. Beaucoup de gens aimant les arts, mais ne sachant pas dessiner, peuvent réussir aussi bien que ceux qui savent; mais ils ne peuvent créer de sujets et ne peuvent faire que copier des dessins déjà faits ou des gravures; pour cela, on noircit par derrière un dessin avec de la mine de plomb ou bien on étend de la sanguine. On met le dessin sur la planche. Quand le vernis est noirci, on passe ensuite sur tous les traits, avec une pointe d'ivoire ou de bois, ce qui donne un décalque sur la planche. Cela étant fait, on repasse sur la plaque, avec une pointe d'acier, en suivant bien exactement tous les traits (voir fig. 5).

Ceux qui savent dessiner peuvent se passer de décalque et font directement leur dessin sur la planche.

Voici la planche passée à la pointe (fig. 5) :

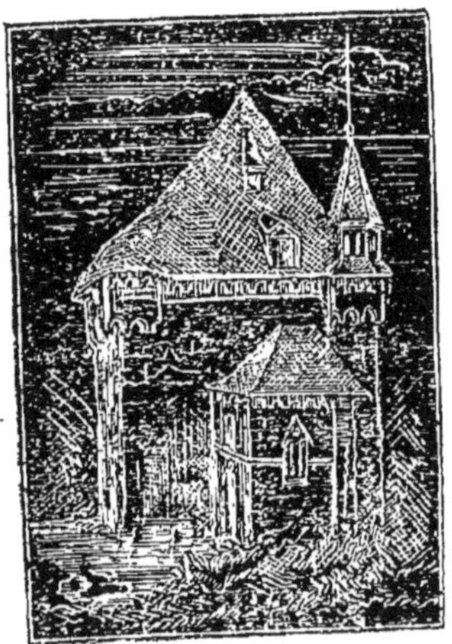

LA MORSURE

Lorsque la planche est tracée, il faut regarder à la loupe si l'on n'aperçoit pas de faux traits ou si le vernis n'a pas subi d'accidents. Dans ce cas, on les recouvre de vernis à l'aide d'un pinceau avant de soumettre la planche à l'action de l'acide qui, sans cette précaution, creuserait les parties mal tracées.

Puis on prend de la cire à modeler dont on entoure la planche (fig. 6).

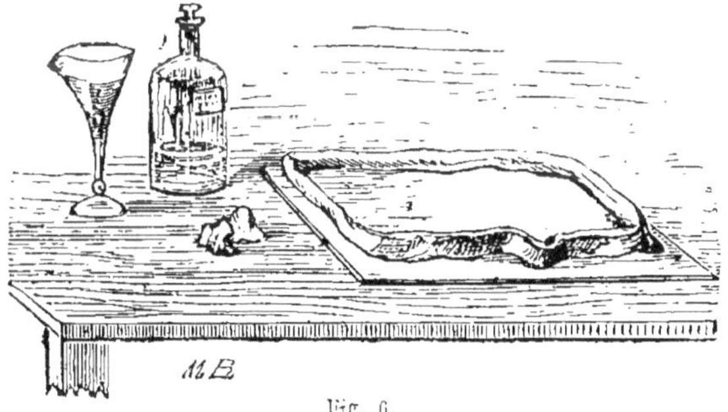

Fig. 6.

La cire empêche l'eau-forte que l'on verse de couler et de se répandre.

Le graveur soumet ensuite sa planche à l'action de l'eau-forte, que l'on a de trois degrés différents. On vérifie son acide avec le pèse-acide. Les trois degrés employés sont 14°, 20° et 25°. On les obtient en coupant, avec de l'eau, l'acide nitrique du commerce, qui pèse 36 ou 40 degrés.

Pour faire mordre sur sa planche et empêcher les inégalités de morsure, il faut avoir soin d'enlever, avec une plume de corbeau ou de poule, les petits bouillons qui fermentent sous le trait. Il ne faut pas que l'eau-forte dorme, il faut l'agiter à mesure que l'acide attaque le métal. On peut voir si la morsure est assez profonde : si elle ne l'est pas assez, on recommence la même opération jusqu'à ce que l'on juge que l'acide a assez mordu. Quand on emploie des planches de cuivre, la morsure est parfois très-longue et très-capricieuse. L'action est plus prompte et plus régulière avec l'acier.

Si vous désirez obtenir des tons fins, il faut ôter l'acide de la planche, la laver avec de l'eau, la laisser sécher, puis recouvrir, avec un pinceau et du vernis, les parties suffisamment attaquées. Cette opération achevée, on verse de nouveau l'eau-forte pour faire remordre les parties où l'on désire plus de ton, jusqu'à ce que l'exécution soit parfaite.

La planche terminée, on peut enlever le vernis avec de l'essence de térébenthine.

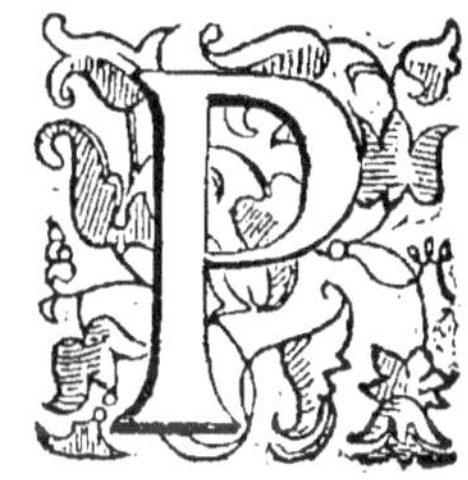

OUR vider les tailles, on emploie de la potasse en poudre fine, puis on jette de l'eau et on frotte avec une brosse très-rude, qui pénètre dans les tailles les plus fines. On passe ensuite un peu de suif pour empêcher que la planche ne se rouille.

L'imprimeur en taille-douce peut vous tirer une épreuve dans une seconde, ce qui n'offre aucune difficulté.

Tous les artistes eau-fortiers ne peuvent tirer leurs épreuves eux-mêmes, parce qu'il faut une presse spéciale pour la taille-douce.

Voici une épreuve (fig, 7) :

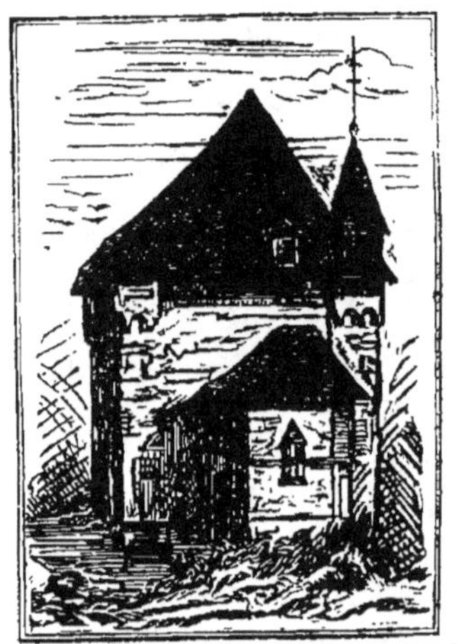

Fig. 7.

CHAPITRE III

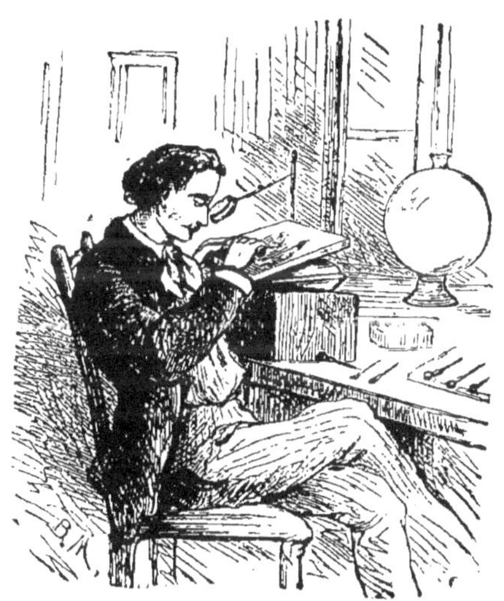

La Gravure en bois de fil ou poirier est la première, celle qui longtemps a servi à illustrer les impressions des Alde, des Gunte, des Elzevier, et est presque complétement oubliée à notre époque. Aujourd'hui, cependant, on grave encore sur ce bois de fil des œuvres tout à fait commerciales, les étoffes, les lettres d'affiches. Dans ce grand siècle de la gravure, les graveurs dessinateurs eux-mêmes reproduisaient leurs expressions; aussi leur mérite était plus grand. Aujourd'hui la gravure qui se fait sur bois de buis est une nouvelle invention pratiquée surtout par les artistes anglais et par les artistes français. Elle est maintenant arrivée au plus haut degré de perfection. Quelques artistes ont toute la pureté, toute la finesse et toute la beauté des graveurs en taille-douce. Cette gravure s'appelle gravure sur bois de buis.

Nous allons donner la manière d'apprendre la gravure sur bois, et les procédés qu'employaient les anciens graveurs et ceux qu'emploient les nouveaux.

La gravure sur bois a d'heureuses applications

dans nos livres de sciences mécaniques, d'architecture, dans les livres élémentaires, enfin dans tous les ouvrages qui traitent des arts. Mais il faut avouer que, la plupart du temps, l'artiste n'est que graveur ou dessinateur, et réunit rarement les deux qualités.

L'un compose les sujets, l'autre les reproduit. Il arrive fréquemment que l'on ne considère pas autant le graveur que le dessinateur. C'est un tort, à notre avis; car souvent c'est le graveur qui fait la réputation du dessinateur. C'est lui qui finit l'œuvre: c'est lui qui corrige les imperfections des mauvais dessinateurs, et souvent fait un chef-d'œuvre d'une mauvaise œuvre. Le dessinateur a certes beaucoup de génie ; mais le graveur n'est pas non plus sans mérite. Il faut, en effet, qu'il reproduise le dessin avec toutes ses perfections. En un mot, nous croyons, au point de vue de l'art, qu'il est juste de reconnaître que, si le dessinateur a beaucoup de talent, le graveur n'est pas sans mérite.

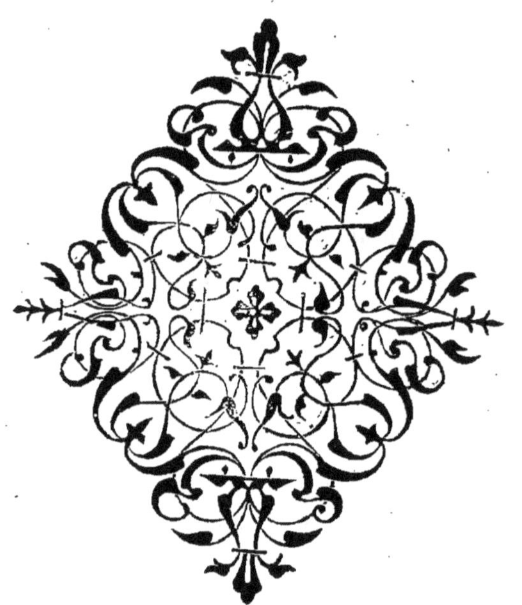

DES BOIS PROPRES A LA GRAVURE

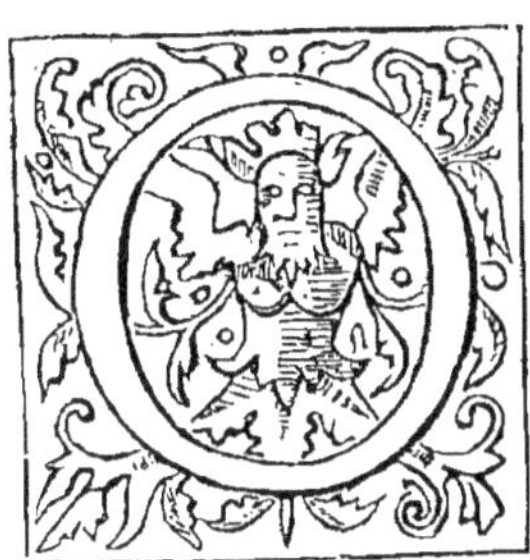

On grave sur plusieurs sortes de bois. Il faut rejeter celui qui a des défauts, qui est trop poreux, celui qui présente des nœuds. Il faut que les veines du bois soient très-serrées pour ne pas altérer la finesse et la pureté du dessin. Les meilleurs bois sont le cormier, le buis, le poirier, le pommier, le merisier, le cerisier, l'oranger.

Le bois doit être de la hauteur du caractère d'imprimerie. Ce sont des marchands spéciaux qui vendent les bois aux graveurs. Ils sont blanchis au blanc d'argent. Au moyen d'une plume, d'un pinceau ou d'un crayon, on peut dessiner directement sur le bois. On opère aussi par décalque par le même procédé que pour l'eau-forte. On repasse après au crayon.

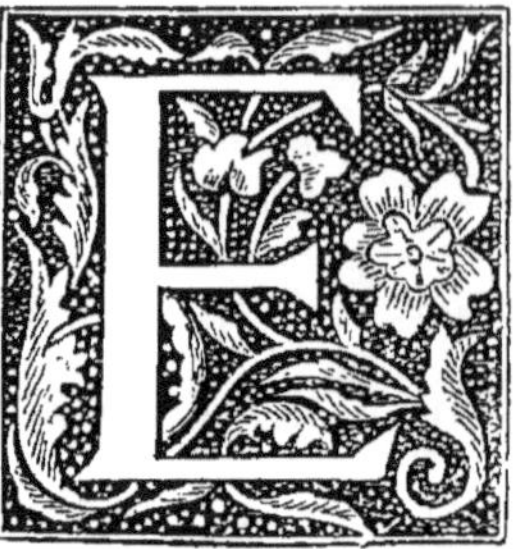

NSUITE on se sert d'un coussin sur lequel on pose la planche, afin de la faire mouvoir dans tous les sens (fig. 8).

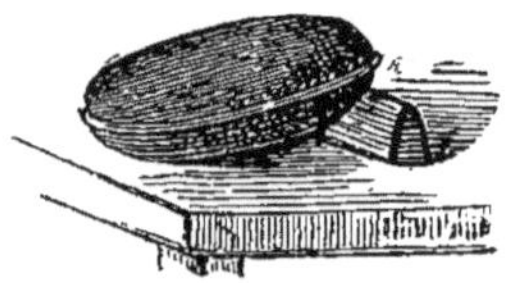

Fig. 8.

Le porte loupe est monté sur un pied que l'on

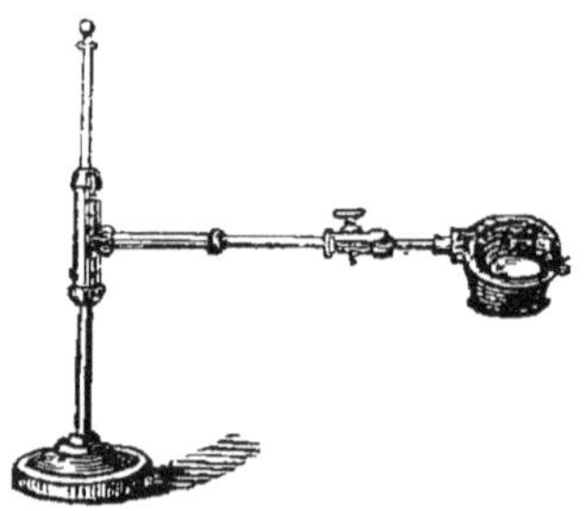

Fig. 9.

hausse ou que l'on abaisse de manière à le mettre

à une distance du bois qui permette de grossir les traits fins et gros (fig. 9).

BURINS ET ÉCHOPPES

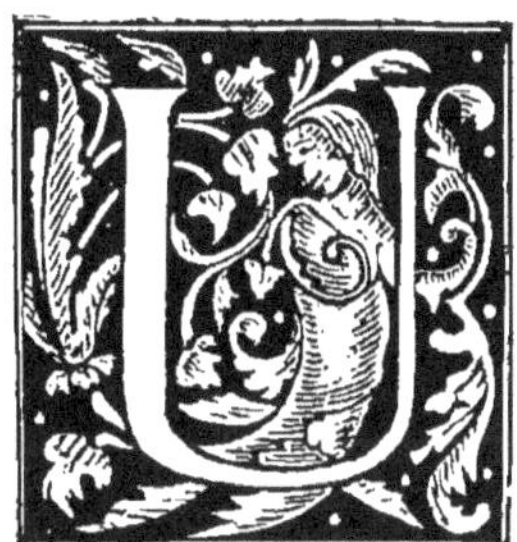

Un burin sert à faire les losanges et permet d'exécuter même tous les travaux qui se présentent. Mais il faut savoir s'en servir habilement, ce qui ne peut s'acquérir que par la pratique. On peut avec le burin cerner tout ce qui est tracé, c'est-à-dire le crayon.

Le dessin est, en effet, tracé au crayon de manière à enlever le blanc et à laisser le noir. La gravure sur bois consiste inversement à enlever tout le blanc d'un dessin et à laisser le noir, de sorte que le noir se trouve en relief et le blanc en creux.

Une règle générale est de tenir son outil de manière que le manche se trouve dans la paume de la main (fig. 10).

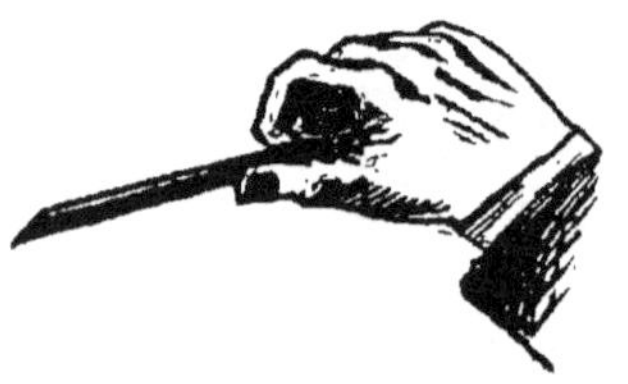

Fig. 10.

IL faut acquérir une grande souplesse et une grande agilité dans les doigts, de manière à ne pas serrer dans sa main le manche de son outil; car il serait alors impossible de graver et de gouverner son outil.

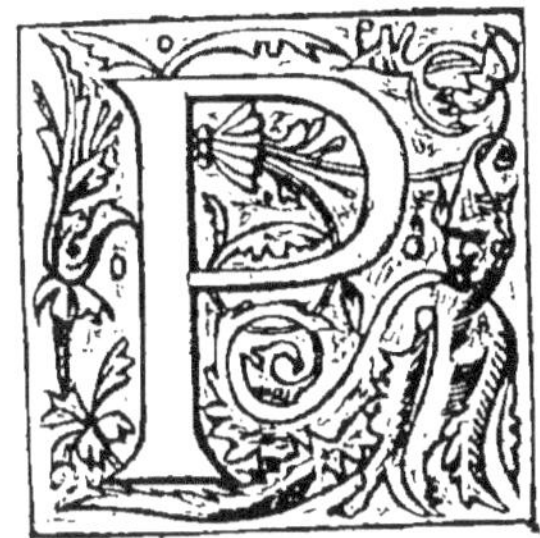

OUR faire le losange, il faut mettre son outil juste dans l'angle du bois. On l'enfonce jusqu'à la moitié, et l'on reprend de l'autre côté, de manière que le losange soit évidé, et l'on recommence cette opération à chaque losange jusqu'à ce qu'il soit terminé. Voici la figure d'un burin (fig. 1); l'échoppe (fig. 2).

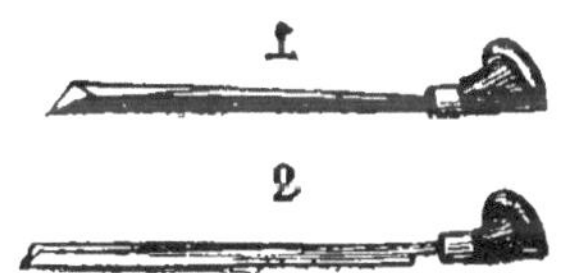

Le blanc que l'on retire empêche qu'à l'impression cette partie ne devienne noire, et le noir réservé devient noir au tirage de l'épreuve.

On appelle le fac-simile gravé avec le burin en cernant les traits des deux côtés.

Ce trait est cerné des deux côtés, de manière à réserver le noir. Puis on pose sur le bois une petite planche appelée support, afin de ne pas écraser le bois.

Les échoppes forment une collection de douze outils gradués depuis le numéro 1 jusqu'à 12.

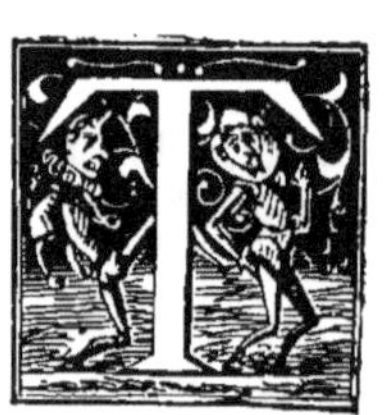

OUTE échoppe sert à faire tout ce qui est teinte. On appelle teintes des traits plus ou moins fins serrés les uns contre les autres. Plus la taille est fine, plus les tons sont légers. Plus la teinte est forte de bois, plus elle est noire.

Il faut toujours faire les teintes des premiers plans larges et fortes de bois. Dans les fonds, il faut les faire très-fines, afin d'obtenir les tons qui doivent donner la perfection et la perspective.

Le coussin sert à placer le bois, que l'on tient de la main gauche. Il donne une grande commodité pour graver. On a ensuite la loupe qui grossit les traits et empêche de faire un travail grossier.

Nous vous donnons une lettre que l'on a décalquée (fig. 1). Toutes les parties blanches sur le

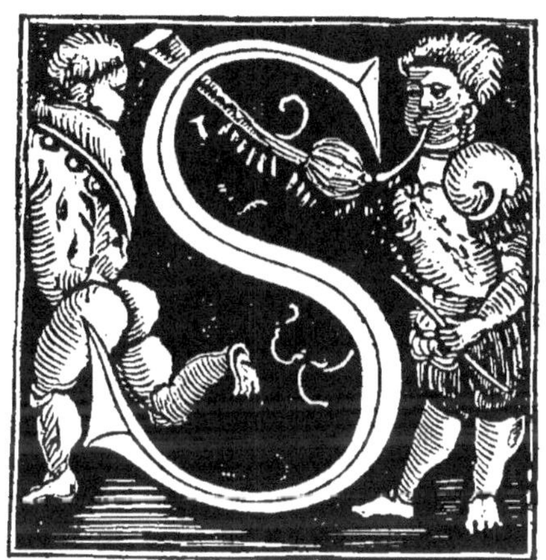

Fig. 1.

bois ont été évidées après les contours des noirs et ont été creusées ensuite champlevées.

Vous enlevez le plus profondément possible, afin que le tirage typographique s'opère sans faire de taches noires. Voici une autre lettre qui est faite de la même manière. (Fig. 2, *reproduction d'Holbein.*)

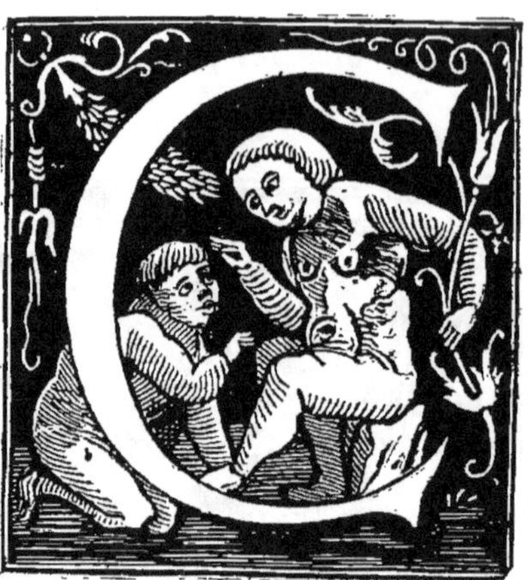

Fig. 2.

Nous donnons autant que possible les premiers principes pour devenir bon graveur pratique Il est facile pour tout le monde de comprendre notre exposition. Nous nous résumerons en disant que la gravure, pour rendre le dessin fait sur bois, se réduit à enlever tout le blanc et à laisser tout le noir.

C'est de cette manière que l'on fait toutes les vignettes, les reproductions, les gravures d'art, etc.

CHAMPLEVER

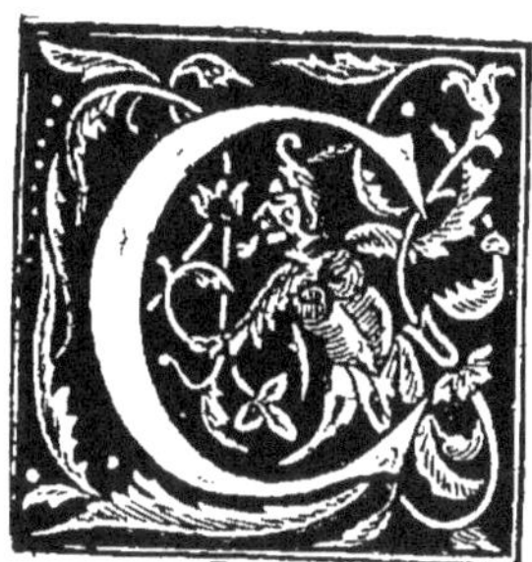

Ce terme est employé par tous les graveurs. Pour bien champlever, on prend les derniers numéros de sa collection d'échoppes, puis on place sur son bois une petite planchette qui empêche que l'on n'écrase les traits avec le ventre de son échoppe. On creuse, et on enlève par petites parties les espaces blancs jusqu'à une profondeur suffisante.

MANIÈRE D'OBTENIR UNE ÉPREUVE

Il faut avoir un marbre d'une grandeur convenable, au moins deux fois plus grand que le rouleau dont on se sert.

On peut tirer des épreuves soi-même, et mieux même que ne pourrait le faire un imprimeur. Voici le procédé qu'il faut employer :

Étendez sur un marbre du noir d'imprimerie d'une petite quantité, que vous avez bien broyé avec une molette. Quand il est bien étendu, vous passez votre rouleau dessus, afin que l'encre soit bien broyée.

Puis vous prenez le bois que vous avez terminé, vous le gommez pour enlever le crayon ; puis vous passez le rouleau sur toute la surface de la gravure, afin de bien l'encrer.

Vous prenez ensuite du papier de Chine que vous coupez de la dimension de la planche. Vous le mettez sur votre planche avec une carte, et vous passez le brunissoir sur toutes les parties de la planche. Vous obtenez ainsi une épreuve parfaite, à moins que vous n'ayez oublié de passer le brunissoir sur quelques parties.

Vous pourrez ainsi tirer un nombre indéterminé d'épreuves.

CHAPITRE IV

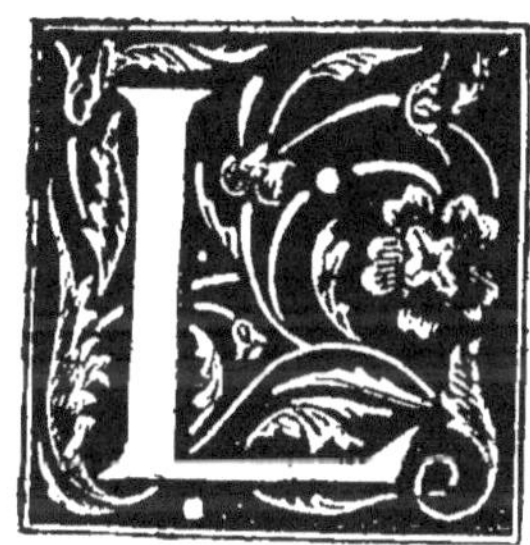

A gravure la plus ancien est celle que l'on fit sur le poirier; elle nous donna les premières cartes à jouer pour distraire le malheureux roi Charles VII au quinzième siècle. Les Orientaux sont les inventeurs de la gravure sur bois, et cet art resta longtemps ignoré en Europe.

Cependant, d'après les recherches de quelques savants, des moines, vers le huitième et le neuvième siècle, gravaient et imprimaient sur vélin, ce qui a fait supposer qu'ils avaient devancé Guttenberg et découvert l'imprimerie. Des figures, des ornements, des dessins gravés par eux sembleraient prouver que déjà la gravure épargnait, par la représentation, la peine de tracer à la main. Ils appliquaient ensuite des couleurs, suivant les traits marqués ou imprimés. On a même trouvé des lettres initiales gravées et enluminées. Au quinzième siècle, Albert Altdorfer fit de merveilleuses gravures sur bois.

Vint ensuite Albert Durer, qui grava lui-même ses inimitables dessins, dont on admire et admirera toujours la finesse, la netteté, la variété, la richesse d'exécution sur bois.

Peu de temps après, la gravure sur bois se répandit en Italie avec beaucoup de succès.

Voici les simples détails pour graver sur bois de fil. La planche est préparée de la hauteur du caractère, que la surface en soit polie, et vous dessinez aux traits ou vous ombrez par le moyen des tailles ensuite.

Puis vous mettez, entre le majeur et l'index, une pointe que l'on tient comme un porte-plume; il faut diriger l'outil avec une certaine force. Le trait noir qui est dessiné au crayon doit en cerner les contours, sur le bois, pour dégager le bois des deux côtés. On prend le but-avant, que vous avez de différentes grosseurs, pour évider, ce qui nous donne sur les épreuves les espaces blancs qui se trouvent entre les traits imprimés. Nous donnons plus loin la forme de la pointe et du but-avant.

Figure tirée du Pareman et Triomphe des Dames d'honneur.

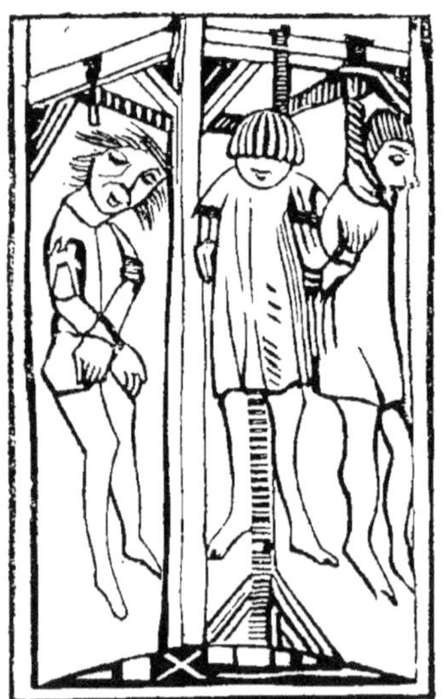

Fac-simile.

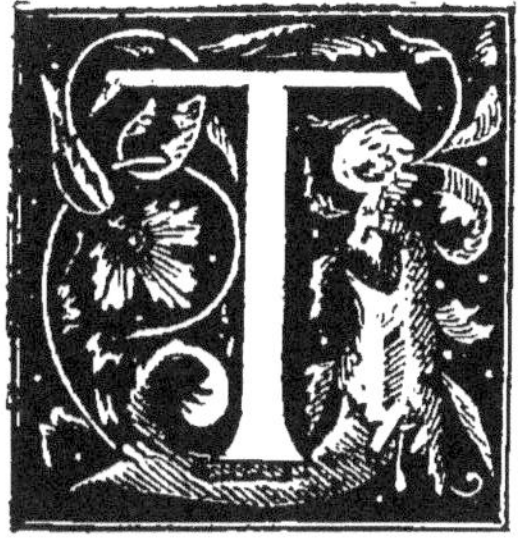
ous les blancs sont enlevés et le trait noir conservé.

Il faut graver toutes les tailles les unes après les autres, en observant bien qu'il faut graver avant de champlever.

Après avoir cerné le dehors de leurs contours au moyen de la pointe ou canivet que l'on enfonce assez profondément, avec une forte pointe on prépare le travail à faire, sans fouler et sans ébrécher les traits gravés. On facilite de cette façon l'enlèvement du bois; avec une grande précaution, on parvient à vider d'une manière convenable une planche, soit en l'attachant fortement, soit en la fixant dans un étau.

MANIÈRE D'ÉVIDER

Pour évider, on obtient ce résultat en plaçant le manche du but-avant dans le creux de la main droite; le pouce pose sur la virole et un peu sur la lame. Cela fait, on poussera le but-avant de manière à ce qu'il entre obliquement dans le bois, et on tournera un peu la main en faisant un effort, afin de faire sauter le bois. Voici le but-avant (fig. 1),

1

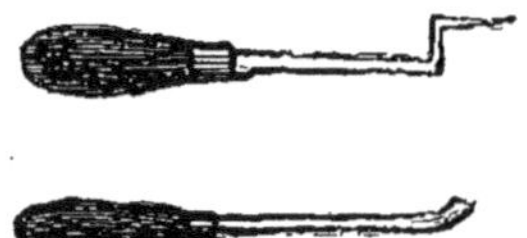

la pointe ou canivet (fig. 2).

2

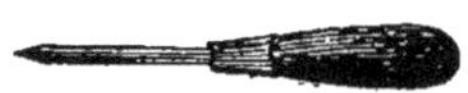

C'est par ce moyen que l'on a obtenu tous les sujets, le fermoir ou le but-avant, et par la pointe de différentes grosseurs, on obtient l'image fidèle de tous dessins.

C'est ainsi qu'ont compris la gravure les *Jean Brosmier, Salomon, Bernard, Beugnet, Ch. Sichen, Papillon, Schœfling*, etc., etc.

L'épreuve, on l'obtient comme à la gravure sur bois. (Voyez p. 37.)

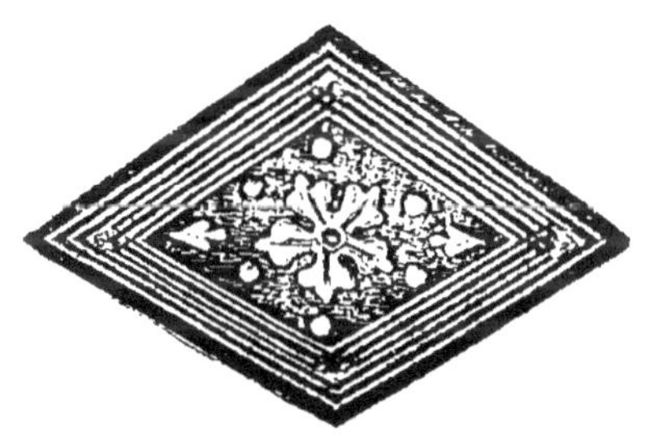

Puisque nous donnons des reproductions du moyen âge, nous reproduisons une reliure des plus recherchées par nos bibliophiles. Cette reliure est un livre ayant appartenu à Grolier. (Voir à la page 49.)

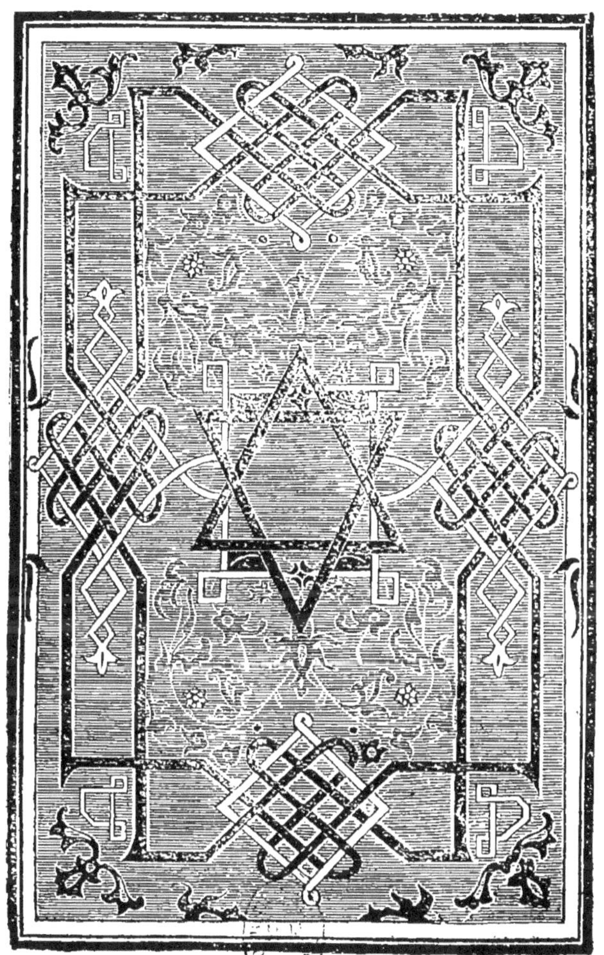

RELIURE D'UN EXEMPLAIRE DE GROLIER.

Vous savez que Grolier faisait relier ses beaux livres en maroquin vert citron, en veau fauve, et les faisait orner de filets en or et en couleur, de fers entrelacés avec le goût le plus recherché. Son style décoratif est italien.

Nous donnons cette gravure pour bien faire voir les beautés de ce grand siècle. Le bon goût de Grolier n'échappera à personne, surtout à nos bibliophiles.

J'aurais bien voulu faire passer sous vos yeux, de temps en temps, un grand nombre de vieilles reliures avec des notes sur les volumes précieux dans l'histoire de l'art de la gravure et l'impression typographique.

Nous aurions aussi voulu joindre à notre volume des recherches sur les livres à figures et sur les collections des temps passés. Il est fâcheux que quelques-unes de ces collections aient été dispersées aux quatre coins du monde, et plus regrettable que d'autres soient à jamais détruites.

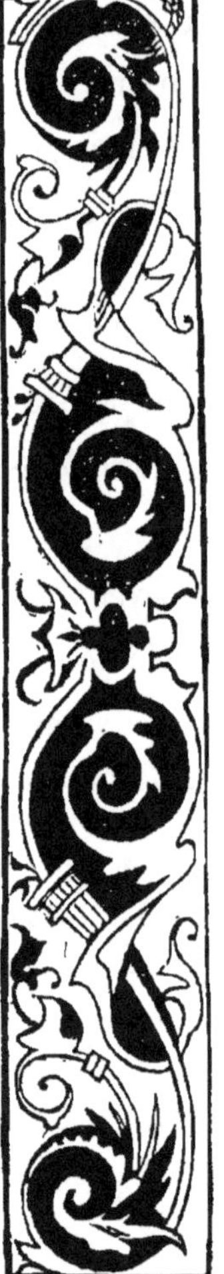

Mais l'étendue de notre livre et son prix peu élevé nous empêchent de faire de grandes dépenses pour ces reproductions. Nous nous contenterons de reproduire une reliure.

Les armes de Grolier étaient à champ d'azur à trois besants d'or surmontés chacun d'une étoile d'or avec un groseillier, et pour devise :

Nec herba nec arbor.

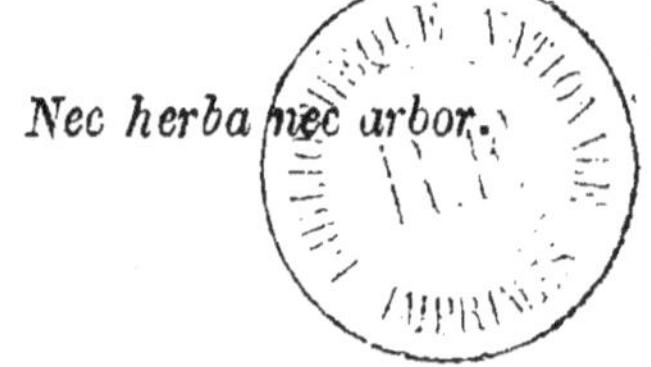

FIN.

TABLE
DES MATIÈRES

CHAPITRE PREMIER.

CHAPITRE II.

CHAPITRE III.

CHAPITRE IV.

FIN DE LA TABLE.

Tous les exemplaires non revêtus de ma signature sont déclarés contrefaits.

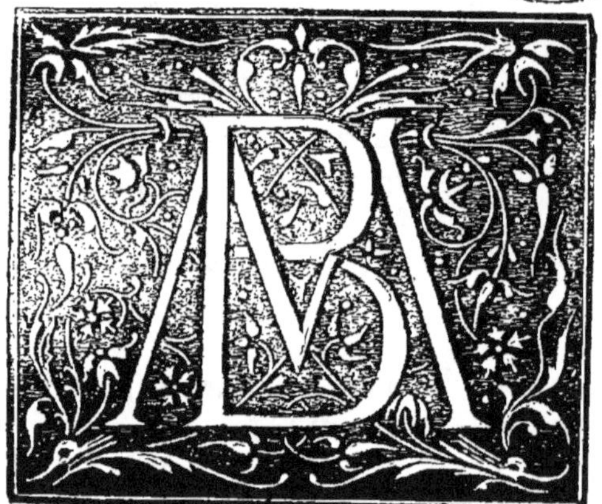

Paris. — Imprimé par Ch. Noblet, rue Soufflot, 18.

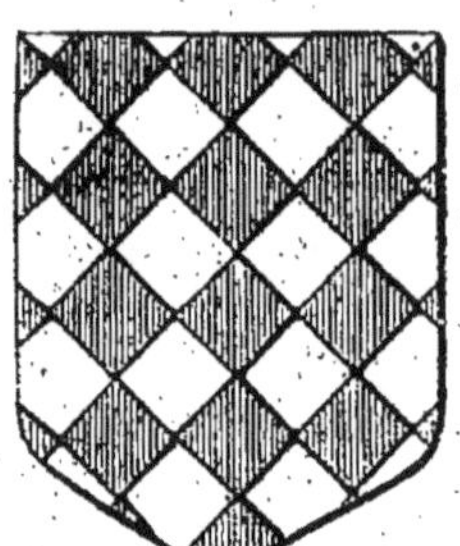

SOUS PRESSE

ET

EN SOUSCRIPTION

NOUVEAU

TRAITÉ

DE L'ART HÉRALDIQUE

OU

LA SCIENCE DU BLASON

Rédigé par un savant Bibliophile de Caen.

Ce Traité est le plus complet de ceux qui ont paru jusqu'à ce jou
Illustré de plus de 540 blasons.

Joli volume in-12, papier vergé des Vosges, Prix : 5 francs ;

Sur papier de Chine, Prix : 10 francs ;

Payable lors de la livraison.

On se charge de toutes recherches de papiers de famille, armo
parchemins, titres nobiliaires, gravure, peinture héraldique, etc.

EN VENTE :

LIVRES ANCIENS RARES, CHARTES, INCUNABLES, HISTOIRE DES PROVINC
PATOIS, CURIOSITÉS, SCIENCE DU BLASON, VIEUX CONTEURS ANCIENS,
LIVRES D'HEURES, ETC.

On se charge de la vente de toutes sortes de Bibliothèques aux enchères publiques.

EXPERTISES — COMMISSION — EXPORTATION

Imprimé par Charles Noblet, rue Soufflot, 18.

www.ingramcontent.com/pod-product-compliance
Lightning Source LLC
LaVergne TN
LVHW010040230826
846091LV00005B/1791

* 9 7 8 2 0 1 9 5 5 3 3 6 4 *